"CON EL DEVENIR DEL TIEMPO SE ME ABRIERON LOS OJO[...]
COMPRENDÍ VERDADERAMENTE LA NATURALEZA Y APREND[...]
CLAUDE MONET

DESCUBRIENDO EL MÁGICO MUNDO DE
CLAUDE MONET

Textos de Maria Jordà Costa

OCEANO Travesía

Derechos exclusivos en lengua española: © Editorial Océano S.L. | www.oceano.com | D.R. © Editorial Océano de México, S.A. de C.V. | www.oceano.mx
www.oceanotravesia.mx | Primera edición, 2015 | ISBN: 978-607-735-670-7 | Depósito legal: B-21872-2015 | Quedan rigurosamente prohibidas, sin la
autorización escrita del editor, bajo las sanciones establecidas por las leyes, la reproducción parcial o total de esta obra por cualquier medio o procedimien-
to, comprendidos la reprografía y el tratamiento informático | Impreso en España / *Printed in Spain*

CLAUDE MONET

Hola, soy Oscar-Claude Monet, el pintor de las flores, de la nieve, del cielo, de las nubes reflejándose en el agua... Soy el pintor de la naturaleza, pero sobretodo soy el pintor de la luz. Tal vez te preguntarás... ¿se puede pintar la luz? Yo dediqué casi toda mi vida a intentarlo y creo que al fin lo conseguí. ¿Quieres comprobarlo? Te invito a pasear por esta pequeña galería y descubrir un montón de historias y anécdotas. ¡Te vas a divertir!

Nací el 14 de noviembre de 1840 en el seno de una familia burguesa de París. Pero viví pocos años en la capital. Mi padre, Claude Adolphe Monet, era propietario de un negocio de ultramarinos que no acababa de funcionar. En 1845 decidió cerrarlo y trasladar a toda la familia a Le Havre, un pueblecito al norte de Francia, justo en la desembocadura del Sena. ¿Por qué Le Havre? Pues porque allí vivía su hermana Marie-Jeanne con su marido Jacques Lecadre, quien era el propietario de un próspero negocio de mercancías. Se asociaron y pocos años después mi tío murió, heredando mi padre el negocio.

Cuando llegué a Le Havre tenía apenas 6 años. Recuerdo que el paisaje me impresionó. Nunca antes había visto el mar: ¡qué gran espectáculo! La arena de la playa, las nubes grises, los barcos atracando, las velas alejándose... aquellas imágenes quedaron grabadas en mi mente para el resto de mi vida.

A los 11 años empecé a asistir a la escuela... no me apasionaba. De todas las asignaturas, ¿sabes cuál era mi preferida? Sin duda el dibujo. Para no aburrirme en las otras clases, empecé a hacer caricaturas de los profesores y de los otros alumnos. Luego las vendía en una pequeña tienda de marcos. Y, sorprendentemente, mi fama de caricaturista se extendió rápido por toda la ciudad. Incluso empecé a recibir encargos por los que cobraba 20 francos. Con 15 años, me sentía orgulloso de poder obtener mis primeros ingresos.

Monet de joven

Cuando tenía 17 años un triste aconte-cimiento sacudió mi vida: mi madre murió a consecuencia de un cáncer. ¡Cómo la echa-ría de menos! Mi madre, gran enamorada de la poesía, cultivó en mí una gran sensibilidad y me apoyó siempre en mis pequeños pro-yectos. A partir de entonces, mi tía Jeanne-Marie Lecadre se haría cargo de mí. Muy aficionada a la pintura, tuvo un papel im-portante en mis primeros años de formación como pintor. También fue mi contacto con el resto de la familia, con la que siempre tuve una relación difícil.

Pero lo que realmente determinó mi evo-lución como pintor fue conocer al artista Eugène Boudin. Este pintor especializado en paisajes fue, sin saberlo, un precursor del impresionismo: cuando todos los artistas aún pintaban en el taller, él me enseñó a pintar al aire libre. Junto a él descubrí mi vocación: ¡quería ser pintor!

Abandoné la escuela poco antes de finalizar los estudios para iniciarme en la carrera de pintor. ¡Cómo se enfadó mi padre! Él, que veía en mí al sucesor del negocio familiar, se mostró muy disgus-tado con la idea y se negó a apoyarme económicamente. Tenía la esperanza de que mi obsesión duraría poco. Y con los ahorros acumulados de mis caricaturas me marché a París. Me inscribí en la Academia Suis-se, donde hice una gran

amistad con Pissarro, otro aspirante a pintor. Por desgracia tuve que interrumpir mis estu-dios, ya que el 10 de julio de 1861 partí como soldado a Argelia, para cumplir con el servi-cio militar. Pero la estancia fue corta ya que cuatro meses después regresé a Le Havre enfermo de tifus. Durante mi recuperación, conocí en el pueblo a otro gran pintor: el holandés Johan Barthold Jongkind. Juntos pintábamos y charlábamos. Fue otro de mis grandes maestros que me animó a luchar por mi sueño.

Finalmente, conseguí convencer a mi pa-dre de que aquélla era mi verdadera vocación. Aceptó apoyarme en mi carrera artística y me mandó a París con una condición: que me inscribiera en la prestigiosa Escuela de Bellas Artes.

¿Qué pasó luego? Te puedo asegurar que no fue un cami-no de rosas, pero con mucho esfuerzo, voluntad y trabajo... ¡conseguí convertirme en un gran artista! ¿Cómo? Da vuelta a la página que empie-za la aventura.

Claude Monet

LA CALLE BAVOLLE EN HONFLEUR
(1864)

Óleo sobre lienzo, 56 × 61 cm.
Museum of Fine Arts, Boston (Estados Unidos).

Ya estaba de nuevo en París, la ciudad de la luz. ¡Qué maravilla! Era el lugar ideal para formarme. Pero la prestigiosa "Escuela de Bellas Artes" que me aconsejaba mi padre, no me interesaba. A pesar de que gozaba de una gran reputación e imponía la moda artística parisina, era una escuela muy conservadora que impartía una enseñanza clásica y *academicista*. Yo, que era un chico muy inquieto, prefería el Taller de Gleyre, un lugar donde se estimulaba a los alumnos a buscar su propio estilo. Allí conocí a otros jóvenes pintores, como Frédéric Bazille, Alfred Sisley y Pierre-Auguste Renoir, quienes se convertirían en mis grandes amigos.

En el taller también conocí a Camille, una chica tímida y hermosa que, en sus ratos libres, posaba como modelo para nosotros. Me enamoré de ella. A continuación te los presento a todos.

Camille, Alfred Sisley, Pierre-Auguste Renoir y Frédéric Bazille

AHORA OBSERVA Y BUSCA...

❓ ÉSTA ERA LA CALLE PRINCIPAL DE HONFLEUR, un pueblo situado en la desembocadura del Sena, al lado de Le Havre. Su puerto y sus bellos paisajes lo convirtieron en destino de muchos pintores.

❓ MI AMIGO BAZILLE Y YO VIAJAMOS HASTA ALLÍ EN MAYO DE 1864 y pintamos durante días. Esta calle me llamó la atención por el efecto que producía en ella la luz al atardecer, partiendo la imagen en dos: mitad sol y mitad sombra.

❓ MI ESTILO ERA REALISTA. ¿SABES LO QUE SIGNIFICA? Pues que pintaba mi entorno tal y como era, sin idealismos ni interpretaciones. Buscaba en mis motivos la vida sencilla, no me interesaban los temas históricos y religiosos que defendía el academicismo y que estaban tan de moda en esa época.

❓ ¿SABÍAS QUE FUIMOS LOS PRIMEROS EN SALIR A PINTAR AL AIRE LIBRE? Cargados con pinceles, pinturas y el caballete, la gente nos miraba sorprendida. Sin saberlo, estábamos creando un nuevo estilo, más libre y espontáneo.

CURIOSIDADES

Durante los primeros meses en París, Monet compartió apartamento con su amigo pintor, Auguste Renoir. El poco dinero que ganaban gracias a pequeños encargos ocasionales, se lo gastaban en pintura, telas y el alquiler de la vivienda. La comida era escasa. Un comerciante de comestibles les pagaba sus encargos con sacos de víveres. Así, durante un mes se alimentaban con habas y el siguiente con lentejas. A pesar de que estaba rodeado de un ambiente humilde y bohemio, Monet siempre se comportó como un auténtico burgués. Sus compañeros le llamaban "el dandy".

ALMUERZO SOBRE LA HIERBA
(1865 - 1866)

Óleo sobre tela, 460 × 600 cm.
Musée d'Orsay, París (Francia).

Camille, 1866

Yo era un joven rebelde e independiente, atrevido y poco convencional en la pintura. Pero también es cierto que buscaba el reconocimiento de mi obra en el tradicional Salón oficial. Y para destacar en medio de aquella enorme Exposición, decidí pintar el cuadro de figuras más grande que se hubiera visto jamás. Pero no tuve tiempo de terminarlo y lo aparté. Pinté en cuatro días un retrato de cuerpo entero de mi novia Camille, y contra todo pronóstico, el Salón aceptó mi obra. El público y la crítica elogiaron mi estilo.

El cuadro que observas es sólo un fragmento de ese gran lienzo inacabado. ¿Sabes por qué? En esa época yo andaba muy escaso de dinero y, al no poder pagar el alquiler, dejé el cuadro como fianza al propietario de la vivienda, quien lo enrolló y lo abandonó en el sótano. Cuando en 1884 tuve suficiente dinero para recuperarlo, observé que algunas partes de la tela habían sido destruidas por la humedad. Lo recorté y conservé tres fragmentos: éste es uno de ellos.

AHORA OBSERVA Y BUSCA...

Para entender esta obra te contaré que, unos años antes, Édouard Manet, el pintor rebelde y continuamente rechazado por el Salón, había provocado un gran escándalo con su obra *El desayuno sobre la hierba*, ya que por primera vez alguien pintaba un desnudo fuera de la temática mitológica. A mí me fascinaba la obra de Manet y me propuse pintar mi Desayuno sobre la hierba con doce figuras de tamaño natural. Un homenaje y un desafío a la vez. Pero a diferencia de Manet, yo no quería provocar un escándalo con mi obra y por eso, en vez de un desnudo, representé a un grupo de picnic ataviado con el más moderno estilo parisino.

Desayuno sobre la hierba, de Manet (1863)

ESTA IMAGEN LA PINTÉ EN EL BOSQUE DE FONTAINEBLEAU, A LAS AFUERAS DE PARÍS. Me acompañaron mi novia Camille Doncieux, de 19 años, y mi amigo Bazille. Los dos posaron para mí, de pie, sentados, acostados... hasta completar las doce figuras del cuadro.

FÍJATE AHORA EN LA VEGETACIÓN, ¿RECONOCES EL TIPO DE ÁRBOL? Se trata de abedules.

CURIOSIDADES

En todas las épocas, los pintores habían realizado bosquejos al aire libre que eran trasladados al lienzo en el estudio. La aparición de los colores en tubo hizo posible que los pintores salieran con sus utensilios a pintar al aire libre. Monet fue uno de los primeros en hacerlo. Pero con este cuadro de grandes dimensiones no lo tuvo nada fácil. Para poder pintar la parte superior del lienzo tuvo que excavar una ranura en el suelo y hundir en ella la parte inferior. Este mecanismo provocó todo tipo de burlas entre sus compañeros.

TERRAZA EN SAINTE-ADRESSE
(1867)

Óleo sobre tela, 98 × 130 cm.
Metropolitan Museum of Art (MOMA), Nueva York (Estados Unidos).

Pero la suerte del principiante se acabó: al año siguiente el Salón oficial rechazó mi obra y, además, mi familia me retiró su apoyo económico porque no aprobaba mi relación con Camille, que provenía de una familia humilde. Tenía suerte de la ayuda que me prestaban mis amigos y de algún encargo ocasional que recibía. A pesar de todo, me resultaba tan difícil sobrevivir en la ciudad que simulé una ruptura con Camille, que estaba embarazada. Mi familia me volvió a acoger y me permitieron pasar el verano con ellos en la casa de campo de mi tía Sophie, en Sainte-Adresse. Me encargaron un montón de cuadros, entre ellos el que observas en esta página. Pero no pude soportar por mucho tiempo esa representación teatral, no aguantaba estar lejos de Camille y de mi recién nacido hijo. Regresé a París y acepté de nuevo la ayuda de mis amigos. El 26 de junio de 1870 me casé con Camille.

AHORA OBSERVA Y BUSCA...

(?) OBSERVA LA TERRAZA. ¿CUÁNTAS PERSONAS HAY? ¿A qué clase social crees que pertenecen? Por sus ropajes los podemos identificar como miembros de la burguesía: las mujeres con sus sombrillas y los hombres con su sombrero. ¿Sabes quién es el hombre sentado de espaldas con un bastón? mi padre.

(?) ¿QUÉ TIPO DE EMBARCACIONES SE DIVISAN A LO LEJOS? Barcos de vela y de vapor. Fíjate que las líneas verticales de los mástiles sirven para romper con la horizontalidad del mar.

(?) Con esta imagen quise contrastar la tranquilidad de la gente burguesa en la intimidad de la terraza con la gran actividad comercial en la inmensidad del mar.

(?) ¿SABES CUÁL ERA MI TEMA PREFERIDO? Sin duda la naturaleza. Me volqué en ella intentando siempre captar la primera impresión, que era la menos contaminada por la imaginación y los prejuicios. Permanecí fiel a esa primera impresión hasta el último de mis días.

CURIOSIDADES

Durante todo el año, Monet sale a pintar al aire libre. En verano va con una sombrilla para evitar el reflejo directo de la luz del sol sobre el lienzo. En invierno se le ve ante el caballete con botas y varios abrigos puestos, incluso a veces envuelto en una manta. Cuando hace viento ata el caballete y el lienzo con cuerdas. Una vez, en la que se equivocó al no calcular la marea, lo alcanzó una ola que le arrastró todos los utensilios y el cuadro.

BOULEVARD DES CAPUCINES
(1873)

Óleo sobre tela, 80.3 × 60.3 cm.
Nelson-Atkins Museum, Kansas City (Estados Unidos).

Retrato de Paul Durand-Ruel,
de Renoir (1910)

Los siguientes años, en París, fueron una época de hambre y pobreza extremas. Y por si fuera poco, en julio de 1870 estalló la guerra franco-prusiana. Para evitar el alistamiento a filas, me refugié en Londres con mi familia. Solos y en una ciudad desconocida, tuvimos la suerte de encontrar al marchante de arte francés Durand-Ruel, quien nos ofreció apoyo económico y, sobretodo, su amistad.

En otoño de 1871 regresé a Francia y, junto a Camille y a mi hijo Jean, alquilamos una casita en Argenteuil, un pequeño pueblo al lado del Sena. ¡Qué maravillosos paisajes! Todo me inspiraba. No paraba de pintar, sólo o acompañado, ya que cualquier excusa era buena para reunir allí a mis amigos: Sisley, Manet, Renoir... Otras veces yo los visitaba en la ciudad y aprovechaba para pintar paisajes urbanos como el que contemplas en estas páginas.

AHORA OBSERVA Y BUSCA...

(?) ÉSTE ES UNO DE LOS CUATRO BULEVARES MÁS IMPORTANTES DE PARÍS. Su nombre proviene de un antiguo convento de monjes capuchinos cuyo jardín estaba en la parte sur de la avenida.

(?) Con este cuadro quería mostrar el ajetreo diario del boulevard, con sus carruajes, árboles, peatones... todo envuelto en un ambiente frío e invernal. Quería captar la impresión de la ciudad en un momento determinado del día.

(?) Y para captar ese momento, la pincelada debía ser rápida y suelta, ya que la luz cambiaba en cuestión de minutos haciendo variar todos los colores. "Mi pintura va evolucionando: ahora utilizo pequeños toques de color que ofrecen sensaciones sin entrar en los detalles." Este estilo no gustaba al público, ya que el resultado parecía más un boceto que una obra acabada.

(?) A través de estos paisajes urbanos quería mostrar la transformación que había experimentado la ciudad después de la remodelación hecha por Napoleón III y el barón Haussmann entre 1852 y 1870. París era una ciudad nueva y moderna.

Barón Haussmann

CURIOSIDADES

A Monet le encantaba compartir buenos momentos con sus amigos, así como también, mantener correspondencia con ellos. Actualmente se conservan un montón de cartas del artista dirigidas a su esposa y a sus amigos más íntimos, entre ellos Manet, Bazille, Clemenceau, Renoir... Gracias a ellas, se han descubierto aspectos muy personales de su vida: dificultades e inseguridades, convicciones políticas, preocupaciones, emociones... Un testimonio de gran valor para conocer mejor su alma y su corazón.

IMPRESIÓN, SOL NACIENTE
(1873)

Óleo sobre lienzo, 47 × 64 cm.
Musée Monet-Marmottan, París (Francia).

Pero las ventas no mejoraban. Era consciente de que la selección de los temas y el estilo de mi pintura me alejaban cada vez más del Salón de París y del reconocimiento público. A pesar de ello, me mantenía fiel a mis principios: tenía una fe absoluta en mi arte.

En 1874, hartos de ser rechazados por el Salón, nos reunimos un grupo de artistas, entre ellos Renoir, Pissarro, Sisley, Degas, Cézanne y yo, y organizamos nuestra propia exposición independiente: el Salón de los Rechazados. La muestra fue un desastre, tanto de público como de crítica. Y para colmo, los pocos que venían a visitarla lo hacían para reírse de nuestros cuadros. El público en general no entendía este tipo de pintura, la consideraban grosera y vulgar. Uno de los críticos más sarcásticos, Louis Leroy, nos definió despectivamente como "impresionistas", burlándose del estilo inacabado de nuestros lienzos y en referencia al título de uno de mis cuadros colgado también en la exposición. Sin embargo, los integrantes de la muestra aceptamos ese nombre para el grupo, un nombre que quedaría ligado a nosotros para siempre.

AHORA OBSERVA Y BUSCA...

? ¿SABES CUÁL ERA MI PROPÓSITO AL PINTAR ESTE CUADRO? Pues deseaba plasmar el instante más fugitivo del día: el sol de la mañana emergiendo de la niebla. Quería captar ese instante mágico que dura sólo unos minutos y que me obligaba a pintar rápido. El resultado: una impresión, donde el motivo prácticamente desaparece.

? ¿CUÁL ES EL ELEMENTO PROTAGONISTA DEL CUADRO? El sol y sus reflejos en el agua centran toda la atención, en medio de una sinfonía de azules y rosas.

? ¿CUÁNTAS BARCAS VES? Hay tres. La que está situada en el centro es el único elemento que no está cubierto por la niebla. La utilicé para crear perspectiva, ya que unida a las otras dos embarcaciones que se intuyen detrás, crean una diagonal que da profundidad al lienzo.

? ¿SABES LO QUE REALMENTE ME FASCINABA DE PINTAR AL AIRE LIBRE? La luz. Me encantaba observar el paisaje y plasmar sobre la tela el efecto cambiante que produce la luz en los colores. Con el tiempo, pintar la luz se convertiría en mi obsesión.

CURIOSIDADES

Una de las críticas publicadas a raíz de la primera exposición impresionista fue la siguiente: "Una exposición de algo que se llama pintura acaba de ser inaugurada... Cinco o seis locos, han expuesto aquí sus obras cegados por la ambición." Se ponía de manifiesto una voluntad de destruir las nuevas tendencias y de defensa de los valores del arte académico.

LA SEÑORA MONET CON SU HIJO
(EL PASEO)
(1875)

Óleo sobre lienzo, 100 × 81 cm.
National Gallery of Art, Washington, D.C. (Estados Unidos).

A pesar de las críticas recibidas y de la escasez de ventas, yo continuaba con mi aventura creativa: mi técnica era cada vez más fluida y no paraba de experimentar. Lástima que las deudas se iban acumulando y los acreedores me perseguían. Al fin, recibí una buena noticia: el marchante de arte Durand-Ruel me compraba 29 lienzos por un total de 10.000 francos. Este hecho, junto con la herencia recibida por la muerte de mi padre, cambió por completo nuestro estilo de vida. Finalmente, podía llevar una existencia más desahogada y concentrarme en el trabajo. Incluso nos pudimos permitir un sirviente y un jardinero. Fue probablemente la época más feliz de mi vida.

AHORA OBSERVA Y BUSCA...

¿SABES QUIÉNES SON LOS PERSONAJES QUE APARECEN EN EL CUADRO?
Mi esposa Camille y mi hijo Jean. Camille Doncieux fue a lo largo de su vida mi única modelo: se convirtió en mi musa.

¿TE HAS FIJADO EN QUE APENAS SE RECONOCEN LOS ROSTROS?
Como ya te he contado, no me interesaban los detalles. Quería captar la impresión de un instante, lo que exigía pinceladas rápidas, sueltas y colores puros que mezclaba en la tela y no en la paleta.

OBSERVA EL CUADRO DE CERCA. Verás que la pintura se aplicó con pequeños toques en forma de coma, que se van uniendo en la retina a medida que nos distanciamos del lienzo. Eran obras para ser admiradas a una cierta distancia.

PRESTA ATENCIÓN Y RESPONDE:
¿De dónde proviene la luz del sol? Fíjate en las sombras.
¿Hay movimiento? Observa la falda y el velo de la mujer.
¿Y profundidad? Se logra con las diferencias de tonalidades (más oscuro en el primer plano).

CURIOSIDADES

A Monet le fascinaba el agua: para él era una gran fuente de inspiración. Pintó mares, ríos y estanques a lo largo de toda su vida. Pero con el Sena tuvo una relación especial. Vivió en diferentes pueblos y ciudades, siempre al lado de este río. Incluso en Argenteuil se compró una pequeña barca que convirtió en taller flotante, con una cabina y una cubierta de tela para protegerse del sol. Navegando por el Sena buscaba nuevos motivos para sus cuadros. De esta manera podía pintar el agua desde el agua y sumergirse de lleno en el motivo.

LA ESTACIÓN DE SAINT-LAZARE, LLEGADA DE UN TREN
(1877)

Óleo sobre lienzo, 81.9 × 101 cm.
Fogg Art Museum, Cambridge (Estados Unidos).

Tras una época de tranquilidad, los problemas económicos regresaron. El marchante Durand-Ruel dejó de comprar: tenía el almacén lleno de cuadros. Las consecuencias de la guerra perdida contra Prusia se hacían notar. La situación económica en Francia había empeorado y muy pocos invertían en arte. Me sentía muy desanimado... cuando parecía que mi carrera se iba consolidando, de repente tuve la sensación de volver a empezar desde el principio.

Tampoco habían mejorado las ventas del grupo impresionista, que en su segunda y tercera exposición continuaban siendo objeto de burla. Pero no me importaban las críticas, me importaba ser fiel a mis convicciones. Yo era muy tozudo, y nada me impediría luchar por mis ideales, el arte en el que creía. "Dicen que no les gustan mis cuadros porque no se ve nada, y se ríen de mis brumas, ¡pues bien, ahora sí que van a tener brumas! ¡Voy a pintar trenes, humo, humo por todas partes! ¡Voy a pintar la estación de Saint-Lazare!"

Retrato de Monet, por Renoir (1875).

AHORA OBSERVA Y BUSCA...

? ¿PODRÍAS DESCRIBIR LO QUE VES EN ESTA IMAGEN? Trenes que salen y llegan, empleados que van y vienen, viajeros en las plataformas... en definitiva, quería plasmar ese instante de ajetreo diario de la estación caracterizado por el movimiento de máquinas y personas.

? Observa cómo la luz diurna que se filtra a través del techo acristalado pinta las nubes de vapor de una tonalidad azulada. Como siempre, buscaba los efectos cambiantes de la luz más que la descripción detallada de máquinas y viajeros.

? Al fondo se intuyen las siluetas de los edificios de París, testigo mudo de los efectos de la aparición del ferrocarril. Para mí la estación era un monumento de la modernidad, un nuevo motivo derivado del progreso.

CURIOSIDADES

La estación fascinaba a Monet, y hacía tiempo que quería pintarla, pero dudaba de que le dieran el permiso para instalarse en ella a pintar. Hasta que un día, vestido con sus mejores ropas y armado de valor, se dirigió al director de la estación y se presentó. El director, que no tenía idea de pintura pero no se atrevía a confesarlo, imaginó que era un reconocido pintor y accedió a todas sus peticiones: se retuvieron trenes, se cargaron las locomotoras de carbón para que escupieran humo.... Después de pintar durante días enteros, Monet se marchó del lugar con siete cuadros bajo el brazo. Fue su primera serie.

EL JARDÍN DEL ARTISTA
EN VÉTHEUIL
(1880)

Óleo sobre lienzo, 151.5 × 121 cm.
National Gallery of Art, Washington, D.C. (Estados Unidos).

Monet y la familia Hoschedé, 1880

En 1878 vino al mundo mi segundo hijo: Michel. ¡Qué gran alegría! Lástima que la situación económica empezaba a ser desesperada. No podía pagar el alquiler de la casa de Argenteuil y nos mudamos a un pequeño pueblo a orillas del Sena llamado Vétheuil, una zona encantadora. Allí compartimos casa con los Hoschedé, una familia burguesa recién arruinada. Ernest, el padre, había sido un magnate de los negocios y gran coleccionista de arte impresionista. Dos años antes, me había invitado a su castillo de Montgeron a pintar unos murales. Al año siguiente lo perdió todo. Ahora vivíamos bajo el mismo techo junto a su esposa Alice y sus seis hijas, aunque él pasaba largas temporadas en París.

Y de repente mi mujer enfermó, y pocos meses después, el 5 de septiembre de 1879, falleció. Tenía sólo 32 años. ¡Cómo la echaría de menos! Bondadosa y paciente, Camille dejaba atrás dos hijos pequeños y un marido desolado.

AHORA OBSERVA Y BUSCA...

(?) FÍJATE EN LAS FIGURAS... ¿SABES QUIÉNES SON? Mis dos hijos: Jean en primer plano y Michel bajando la escalera. Al fondo se intuye la silueta de Alice Hoschedé. El dibujo va perdiendo importancia con respecto al color, y la forma va desapareciendo de mis cuadros.

(?) ¿SABÍAS QUE UNA DE MIS GRANDES PASIONES FUE LA JARDINERÍA? Al llegar a Vétheuil transformé la escalera que bajaba desde mi casa hasta el Sena en un bosque de girasoles. ¿Conoces esta flor? Por su volumen y colorido se convierten aquí en las protagonistas de la obra.

(?) DE NUEVO ME INTERESABA CAPTAR LOS EFECTOS DE LA LUZ SOBRE EL JARDÍN. ¿De qué momento del día se trata? Del atardecer. Si te fijas en las sombras verás que el sol está bajo.

(?) UTILICÉ COLORES COMPLEMENTARIOS: azul-naranja, por ejemplo, con el fin de aportar luminosidad. ¿Conoces este tipo de colores? (ver glosario)

CURIOSIDADES

¿Sabías que a menudo Monet destruía y quemaba sus cuadros? Era muy crítico y exigente con su obra, pocas veces quedaba completamente satisfecho con el resultado: "Ay de mí [...] cuanto más veo, peor me va a la hora de representar lo que siento. Me digo: quien dice haber acabado un lienzo es terriblemente orgulloso, entendiendo por acabar completar la obra, dejarla perfecta".

ACANTILADO EN ÉTRETAT
(1885)

Óleo sobre lienzo, 65 × 81 cm.
Clark Art Institute, Williamstown (Estados Unidos).

A principios de 1882 decidí huir de aquel entorno que tanto me recordaba a Camille. Me instalé en una pequeña ciudad situada a unos 20 kilómetros de París llamada Poissy. El paisaje no me inspiraba en lo más mínimo, y por eso viajaba a menudo a la costa normanda, a Étretat y Belle-Île buscando motivos para pintar. Allí descubrí el mar y sus acantilados. ¡Cómo me fascinaba aquella costa!

Pocos meses después abandoné Poissy. Transportando mis pocas posesiones a través del Sena, llegué a Giverny. ¡Qué lugar tan encantador! Junto con Alice, mis hijos y sus hijas, alquilamos una casa con un gran jardín. Giverny me cautivó, fue mi última parada: allí encontré la calma y la energía que necesitaba para completar mi obra.

AHORA OBSERVA Y BUSCA...

Panorámica actual de Étretat, foto de Jean-Luc Faisans

? Situado en la costa occidental, Étretat era un pueblo pesquero de unos 1000 habitantes. Famoso por sus acantilados, sus paisajes salvajes me inspiraron en más de cincuenta cuadros.

? Había pintado muchas veces el mar, pero ahora lo que me gustaba era pintar el mismo motivo en diferentes horas del día para captar los efectos de la luz: por la mañana con neblina, al mediodía bajo un radiante sol estival o bien al atardecer. ¡Era fascinante!

? *Fíjate en el arco que forma la roca al lado del acantilado,* lo llaman "El ojo de la aguja". Otro de los arcos que también pinté en varias ocasiones, el Manneporte, es mucho mayor e incluso podría atravesarlo un buque. Estos acantilados y arcos atrajeron a un montón de artistas.

CURIOSIDADES

Monet era extremadamente creativo, trabajador y obstinado. Gozaba de una buena autoestima y mostraba una gran seguridad en sí mismo. Esta mezcla de virtudes a menudo lo traicionaba, ya que a ojos de los demás podía llegar a parecer engreído. Sus amigos más íntimos lo consideraban una persona sensible, cordial y sencilla.

LA CATEDRAL DE RUAN (1892 - 1894)

① Óleo sobre lienzo. National Gallery of Art, Washington (Estados Unidos).
② Óleo sobre lienzo. Metropolitan Museum of Art, Nueva York (Estados Unidos).
③ Óleo sobre lienzo. Musée Marmottan Monet, París (Francia).
④ Óleo sobre lienzo. National Gallery of Art, Washington (Estados Unidos).

A mediados de los años ochenta el mercado de arte se anima. El interés por mis cuadros va creciendo y los encargos aumentan. Finalmente, tras largos años de privaciones y penurias, logré mi independencia económica. Incluso en 1890 pude permitirme comprar la casa con su enorme jardín, un jardín que pronto se convertiría en mi pasión, mi paraíso y mi gran fuente de inspiración: el famoso "jardín de Giverny".

Casa en Giverny, Fundación Monet

Yo iba experimentando con mi pintura. Cada vez me interesaba más el efecto de la luz sobre el motivo, la transformación del objeto en función de la luz de diferentes momentos del día. Así aparecieron las famosas series de cuadros que, de una vez por todas, me consolidaron como gran pintor. La serie de la catedral de Ruan representa la cúspide del pintor maduro y un punto de inflexión en mi carrera: mi obra se impone definitivamente.

AHORA OBSERVA Y BUSCA...

¿SABES CUÁL ERA MI OBJETIVO AL PINTAR ESTA SERIE? El edificio no era más que una excusa. Yo lo que quería era representar LA LUZ. ¡Y lo conseguí! Fíjate que ante el mismo objeto, no hay ningún lienzo igual. Logré representar el dinamismo de la luz y dar vida a algo tan inanimado como la fachada de una catedral gótica.

Desde la ventana de un segundo piso frente a la catedral, trabajé con varias telas a la vez, esperando que una nube pasajera, un rayo de sol o una neblina matinal me llevaran a encontrar el cuadro en el que pudiera centrarme. A menudo era desesperante, pero yo no me rendía fácilmente. Después de dos años de duro trabajo lo conseguí: una serie de 31 cuadros de la catedral, todos bajo diferentes condiciones de luz.

Esta serie provocó una admiración inmediata entre la crítica y el público. En mayo de 1895 se expusieron los cuadros en la galería Durand-Ruel. Se vendieron todos. Obtuve 12.000 francos por cada lienzo ¡Una fortuna! De esta manera, la serie concebida para mostrarse en su conjunto, se dispersaba por el mundo entero.

CURIOSIDADES

En 1886, el marchante Durand-Ruel se lanzó al mercado estadounidense con una exposición impresionista de 300 cuadros en Nueva York, de los cuales 48 eran de Monet. Fue un éxito. Así empezaba la pasión por el impresionismo en el otro lado del Atlántico. A partir de entonces los artistas estadounidenses, fascinados por este nuevo estilo, empezaron a hacer uso de la pincelada corta, los colores puros y brillantes y los efectos fugaces propios del impresionismo.

PUENTE JAPONÉS
(1899)

Óleo sobre lienzo, 81.3 × 101.6 cm.
Metropolitan Museum of Art, Nueva York (Estados Unidos).

Óleo sobre tela
Musée de l'Orang

LOS AMIGOS DE MONET

▶ FRÉDÉRIC BAZILLE (1841-1870)

Pintor impresionista, fue uno de los más fieles amigos de Monet durante su juventud en París. En esa época de pobreza extrema, Bazille, que provenía de familia acomodada, le ofreció a Monet material para pintar y un sitio en su taller. Murió a los 29 años en la Guerra franco-prusiana.

▶ AUGUSTE RENOIR (1841-1919)

Junto a Monet, es uno de los más reconocidos pintores impresionistas. Se conocieron en su juventud en el taller de Gleyre y mantuvieron una estrecha amistad toda la vida. A diferencia de Monet, su pintura se aproxima más a la figura humana que al paisaje.

▶ GUSTAVE CAILLEBOTTE (1848-1894)

Pintor impresionista, amigo fraternal y defensor de Monet. Fue un rico heredero que ayudó económicamente a sus amigos y compartió la pintura con su pasión por la navegación.

▶ DURAND-RUEL (1833-1922)

Marchante de arte francés, apoyó desde el principio el nuevo y revolucionario movimiento Impresionista. Organizando exposiciones en su galería de París, contribuyó de forma decisiva a la difusión de este movimiento artístico.

▶ ERNEST HOSCHEDÉ (1837-1891)

Magnate de los negocios, apoyó a los impresionistas comprando gran cantidad de obras de estos artistas. En 1874 adquirió *Impresión, sol naciente* en la Primera exposición impresionista por 800 francos. En 1877 su empresa textil quebró y se arruinó.

▶ GEORGES CLEMENCEAU (1841-1929)

Médico, periodista y político francés, se conocieron durante el primer viaje de Monet a París, a la edad de 20 años. Fue Primer Ministro de Francia durante los periodos del 1906-1909 y del 1918 al 1920 y a pesar de la estrecha amistad que los unía, Monet rechazó siempre cualquier favoritismo fruto del cargo que ocupaba.

GLOSARIO

Louise de Broglie, condesa de Haussonville, de Jean-Auguste-Dominique Ingres (1845)

ACADEMICISMO

Corriente artística que se desarrolla en Francia a lo largo del siglo XIX. Obedece a las normas clásicas impuestas por la Academia de Bellas Artes de París. Su estilo se fundamenta en el dibujo y la forma, el color tiene poca importancia. Los temas preferidos son los históricos, religiosos y mitológicos, ya que busca plasmar los aspectos agradables de la realidad.

COLORES COMPLEMENTARIOS

Cada uno de los tres colores primarios (rojo, amarillo y azul) obtiene su complementario a partir de la mezcla de los otros dos colores primarios. Por ejemplo, el rojo obtiene su complementario al mezclar el amarillo con el azul. Existen tres pares básicos de colores complementarios:

Rojo – Verde   Azul – Naranja   Amarillo – Violeta

El contraste que se logra con ellos es máximo, generando una armonía muy atractiva a la vista.

IMPRESIONISMO

Es un movimiento pictórico que surge en Francia a finales del siglo XIX. Su nombre proviene de una pintura que hizo Monet en el año 1872 con el título *Impresión, sol naciente.* Se caracterizan por:

1. Pintar al aire libre, algo que prácticamente nadie había hecho antes. Esto les permite captar mejor los efectos de la luz sobre las cosas, captar lo fugaz: aire, luz, reflejos del agua...

2. Pincelada: Pintar al aire libre exige pintar con rapidez, ya que las sombras se mueven con el sol y la luz cambia su intensidad. Por este motivo, adoptan una pincelada rápida y corta, eliminando los detalles.

3. Colores: Aplican los colores casi puros, sin mezclarlos. Eliminan de sus paletas los colores tierras, ocres, negros y grises.

4. Dibujo: Figuras sin contornos definidos, solo se expresa lo inmediato al ojo, la primera impresión.

5. Tema: el paisaje es el tema principal de sus obras, tanto campestre como urbano. La aparición de figuras es poco frecuente, ya que con este estilo parecen inacabadas.

◉ Pintando la luz

Ahora ya sabes que a menudo pintaba series, es decir, el mismo motivo pero con diferente intensidad de luz. Intenta tu también pintar una serie siguiendo el mismo procedimiento. Observa la naturaleza y escoge un detalle simple: un árbol, un lago, unas flores... Ahora prueba de pintarlo en diferentes momentos del día, por la mañana con una luz clara y al atardecer con colores menos luminosos.

◉ El puente japonés

¡Cómo me gustaba mi jardín y el puente japonés! Lo pinté tantas veces que perdí la cuenta. Te invito a diseñar y dibujar tu puente: ¿De qué material es? ¿Qué forma tiene?

◉ ¿Te atreves a crear tu propia versión de los Nenúfares?

Pinta un fondo azul con acrílico o acuarela. Recorta circunferencias de papel de seda, y combinando los colores, crea flores a tu gusto. Ya puedes colgarlo en una gran pared.

APRENDE

⊙ ¿TE ATREVES CON ESTE TEST?

Ⓐ ¿En qué ciudad nací? (pág. 2)

Ⓑ Mi nombre completo es .... Claude Monet. (pág. 2)

Ⓒ ¿Qué hacía para no aburrirme en clase? (pág. 2)

Ⓓ ¿Cuál era el nombre de mi primera esposa? (pág. 9)

Ⓔ ¿Y el de mi segunda esposa? (pág. 25)

Ⓕ ¿Te acuerdas con cual de mis amigos compartí piso en París? (pág. 5)

Ⓖ Nombre del bosque donde íbamos a pintar los impresionistas. (pág. 7)

Ⓗ Mi tema preferido para pintar era la .... (pág. 9)

Ⓘ ¿Cuál era el nombre de mi primer hijo? (pág. 11)

Ⓙ ¿Cómo se llama el pueblo donde viví mis últimos 43 años? (pág 21)

Ⓚ A parte de pintar ¿Cuál era mi otra afición? (pág. 19)

Ⓛ ¿Qué ordené construir en mi jardín? (pág. 26)

Ⓜ Y me obsesioné en pintar la .... (pág. 23)

Ⓝ Qué tipo de flores había en el estanque de mi jardín? (pág. 26)

"CUANTO MÁS VIEJO ME HAGO MÁS CUENTA ME DOY DE QUE HAY QUE TRABAJAR MUCHO PARA REPRODUCIR LO QUE BUSCO: LO INSTANTÁNEO. LA INFLUENCIA DE LA ATMÓSFERA SOBRE LAS COSAS Y LA LUZ ESPARCIDA POR TODAS PARTES."

CLAUDE MONET

Claude Monet murió el 5 de diciembre de 1926, a la edad de 85 años. Fue enterrado en el cementerio de Giverny, junto con su esposa y su hijo Jean.

¿Pero cómo llegó Monet a ser considerado el padre del impresionismo? A mediados del siglo XIX un grupo de inquietos artistas salieron a pintar al aire libre. Juzgados como locos por la mayoría de la gente, no dudaron en cambiar las normas pictóricas establecidas en busca de un nuevo arte. Querían representar la realidad tal y como era, buscando auténticos instantes de vida. ¡Pero qué difícil lo tuvieron! La crítica los rechazó y ridiculizó en todas las exposiciones, y la gente se reía de sus cuadros.

A pesar de tenerlo todo en contra, Claude Monet, fue el único que se mantuvo fiel a los principios impresionistas a lo largo de toda su carrera, los defendió y llevó hasta sus últimas consecuencias. Esto lo llevó a un reconocimiento tardío de su obra y a una vida marcada por la escasez de dinero.

Pero el tiempo y la historia acabaron por darle la razón a este inquieto y obstinado pintor: su obra tuvo una gran repercusión en las generaciones posteriores propiciando la aparición de estilos como la abstracción o el cubismo y marcando el rumbo de la pintura moderna.

Su legado, compuesto por unas 500 obras, es el testimonio de un artista vital, comprometido y obsesionado en plasmar fielmente aquello que tanto veneraba: la naturaleza. Y en esta dura tarea, que a veces le llevó a la desesperación, supo regalarnos como nadie las impresiones del gran espectáculo de la vida diaria.

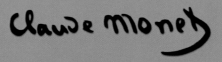